全国计算机技术与软件专业技术资格(水平)考试指定用书

信息系统监理师考试大纲

全国计算机专业技术资格考试办公室 编

清华大学出版社
北京

内 容 简 介

本书是全国计算机专业技术资格考试办公室编写的《信息系统监理师考试大纲》(2023年审定通过)。本书还包括人力资源和社会保障部、工业和信息化部的有关文件以及考试简介。

《信息系统监理师考试大纲》是针对全国计算机技术与软件专业技术资格(水平)考试的中级资格制定的。通过本考试的考生,可被用人单位择优聘任为工程师。

本书封面贴有清华大学出版社防伪标签,无标签者不得销售。
版权所有,侵权必究。举报:010-62782989,beiqinquan@tup.tsinghua.edu.cn。

图书在版编目(CIP)数据

信息系统监理师考试大纲/全国计算机专业技术资格考试办公室编. —北京:清华大学出版社,2024.1

全国计算机技术与软件专业技术资格(水平)考试指定用书

ISBN 978-7-302-65179-6

Ⅰ. ①信⋯ Ⅱ. ①全⋯ Ⅲ. ①信息系统-监管制度-资格考试-考试大纲 Ⅳ. ①G202-41

中国国家版本馆 CIP 数据核字(2024)第 003800 号

责任编辑: 杨如林
封面设计: 杨玉兰
责任校对: 胡伟民
责任印制: 宋 林

出版发行:清华大学出版社
  网 址:https://www.tup.com.cn,https://www.wqxuetang.com
  地 址:北京清华大学学研大厦A座 邮 编:100084
  社 总 机:010-83470000 邮 购:010-62786544
  投稿与读者服务:010-62776969,c-service@tup.tsinghua.edu.cn
  质量反馈:010-62772015,zhiliang@tup.tsinghua.edu.cn
印 装 者:北京同文印刷有限责任公司
经 销:全国新华书店
开 本:130mm×185mm 印 张:1 字 数:31千字
版 次:2024年1月第1版   印 次:2024年1月第1次印刷
定 价:15.00元

产品编号:103767-01

前　言

全国计算机技术与软件专业技术资格（水平）考试（以下简称"计算机软件考试"）是国家人力资源和社会保障部、工业和信息化部联合组织实施的专业技术资格考试，其目的是科学、公正地对全国计算机技术与软件专业技术人员进行职业资格和专业技术水平测试。计算机软件考试包括了计算机软件、计算机网络、计算机应用技术、信息系统、信息服务5个专业领域，初级资格（技术员/助理工程师）、中级资格（工程师）、高级资格（高级工程师）3个级别层次以及27个专业技术资格。根据信息技术产业发展迅速及信息技术人才年轻化的特点，为了不拘一格选拔人才，报考计算机软件考试不限学历与资历条件。

目前，软件设计师、程序员、网络工程师、数据库系统工程师、系统分析师、系统架构设计师和信息系统项目管理师考试标准实现了中国与日本互认，程序员和软件设计师考试标准实现了中国与韩国互认。

计算机软件考试的考试大纲（考试标准）是由全国计算机专业技术资格考试办公室组织了全国相关企业、研究所、高校的专家，通过调研大量企业的相应专业技术岗位，参考国际先进的考试标准，逐步提炼，反复讨论并达成共识，形成了专业技术人员的知识和能力与岗位相适应的考试标准。

参加计算机软件考试并取得相应级别资格证书，纳入全国专业技术人员职业资格证书制度统一规划，是各用人单位聘用计算机技术与软件专业系列专业技术职务的前提。通过考试获得证书的人员，表明其已具备从事相应专业岗位工作的水平和能力，用人单位可根据工作需要从获得证书的人员中择优聘任相应专业技术职务。取得初级资格可聘任技术员或助理工程师职务；取得中级资格可聘任工程师职务；取得高级资格可聘任高级工程师职务。

计算机软件考试的其他信息详见中国计算机技术职业资格网（www.ruankao.org.cn）。

编　者
2023 年 12 月

目 录

关于印发《计算机技术与软件专业技术资格（水平）考试暂行规定》和《计算机技术与软件专业技术资格（水平）考试实施办法》的通知 1

    计算机技术与软件专业技术资格（水平）考试暂行规定 3

    计算机技术与软件专业技术资格（水平）考试实施办法 7

    计算机技术与软件专业技术资格（水平）考试专业类别、资格名称和级别对应表 10

关于中日信息技术考试标准互认有关事宜的通知 12

关于中韩信息技术考试标准互认的通知 14

信息系统监理师考试大纲 16

    一、考试说明 16

    二、考试范围 17

    三、题型举例 23

人 事 部
信 息 产 业 部 文件

国人部发〔2003〕39号

关于印发《计算机技术与软件专业技术资格（水平）考试暂行规定》和《计算机技术与软件专业技术资格（水平）考试实施办法》的通知

各省、自治区、直辖市人事厅（局）、信息产业厅（局），国务院各部委、各直属机构人事部门，中央管理的企业：

  为适应国家信息化建设的需要，规范计算机技术与软件专业人才评价工作，促进计算机技术与软件专业人才队伍建设，人事部、信息产业部在总结计算机软件专业资格和水平考试实施情况的基础上，重新修订了计算机软件专业资格和水平考试有关规定。现将《计算机技术与软件专业技术资格（水平）考试暂行规定》和《计算机技术与软件专业技术资格（水平）考试实施办法》

印发给你们,请遵照执行。

自 2004 年 1 月 1 日起,人事部、原国务院电子信息系统推广应用办公室发布的《关于印发〈中国计算机软件专业技术资格和水平考试暂行规定〉的通知》(人职发〔1991〕6 号)和人事部《关于非在职人员计算机软件专业技术资格证书发放问题的通知》(人职发〔1994〕9 号)即行废止。

中华人民共和国　　中华人民共和国
　人　事　部　　　　信息产业部

二〇〇三年十月十八日

计算机技术与软件专业技术资格（水平）考试暂行规定

第一条 为适应国家信息化建设的需要，加强计算机技术与软件专业人才队伍建设，促进我国计算机应用技术和软件产业的发展，根据国务院《振兴软件产业行动纲要》以及国家职业资格证书制度的有关规定，制定本规定。

第二条 本规定适用于社会各界从事计算机应用技术、软件、网络、信息系统和信息服务等专业技术工作的人员。

第三条 计算机技术与软件专业技术资格（水平）考试（以下简称计算机专业技术资格（水平）考试），纳入全国专业技术人员职业资格证书制度统一规划。

第四条 计算机专业技术资格（水平）考试工作由人事部、信息产业部共同负责，实行全国统一大纲、统一试题、统一标准、统一证书的考试办法。

第五条 人事部、信息产业部根据国家信息化建设和信息产业市场需求，设置并确定计算机专业技术资格（水平）考试专业类别和资格名称。

计算机专业技术资格（水平）考试级别设置：初级资格、中级资格和高级资格3个层次。

第六条 信息产业部负责组织专家拟订考试科目、考试大纲和命题，研究建立考试试题库，组织实施考试工作和统筹规划培训等有关工作。

第七条 人事部负责组织专家审定考试科目、考试大纲和试题，会同信息产业部对考试进行指导、监督、检查，确定合格标准。

第八条 凡遵守中华人民共和国宪法和各项法律，恪守职业道德，具有一定计算机技术应用能力的人员，均可根据本人情况，报名参加相应专业类别、级别的考试。

第九条 计算机专业技术资格（水平）考试合格者，由各省、自治区、直辖市人事部门颁发人事部统一印制，人事部、信息产业部共同用印的《中华人民共和国计算机专业技术资格（水平）证书》。该证书在全国范围有效。

第十条 通过考试并获得相应级别计算机专业技术资格（水平）证书的人员，表明其已具备从事相应专业岗位工作的水平和能力，用人单位可根据《工程技术人员职务试行条例》有关规定和工作需要，从获得计算机专业技术资格（水平）证书的人员中择优聘任相应专业技术职务。

取得初级资格可聘任技术员或助理工程师职务；取

得中级资格可聘任工程师职务；取得高级资格可聘任高级工程师职务。

第十一条 计算机专业技术资格（水平）实施全国统一考试后，不再进行计算机技术与软件相应专业和级别的专业技术职务任职资格评审工作。

第十二条 计算机专业技术资格（水平）证书实行定期登记制度，每3年登记一次。有效期满前，持证者应按有关规定到信息产业部指定的机构办理登记手续。

第十三条 申请登记的人员应具备下列条件：

（一）取得计算机专业技术资格（水平）证书；

（二）职业行为良好，无犯罪记录；

（三）身体健康，能坚持本专业岗位工作；

（四）所在单位考核合格。

再次登记的人员，还应提供接受继续教育或参加业务技术培训的证明。

第十四条 对考试作弊或利用其他手段骗取"中华人民共和国计算机专业技术资格（水平）证书"的人员，一经发现，即行取消其资格，并由发证机关收回证书。

第十五条 获准在中华人民共和国境内就业的外籍人员及港、澳、台地区的专业技术人员，可按照国家有关政策规定和程序，申请参加考试和办理登记。

第十六条 在本规定施行日前，按照《中国计算机软件专业技术资格和水平考试暂行规定》（人职发〔1991〕6号）参加考试并获得人事部印制、人事部和信息产业部共同印制的"中华人民共和国专业技术资格证书"（计算机软件初级程序员、程序员、高级程序员资格）和原中国计算机软件专业技术资格（水平）考试委员会统一印制的"计算机软件专业水平证书"的人员，其资格证书和水平证书继续有效。

第十七条 本规定自 2004 年 1 月 1 日起施行。

计算机技术与软件专业技术资格（水平）考试实施办法

第一条 计算机技术与软件专业技术资格（水平）考试（以下简称计算机专业技术资格（水平）考试）在人事部、信息产业部的领导下进行，两部门共同成立计算机专业技术资格（水平）考试办公室（设在信息产业部），负责计算机专业技术资格（水平）考试实施和日常管理工作。

第二条 信息产业部组织成立计算机专业技术资格（水平）考试专家委员会，负责考试大纲的编写、命题、建立考试试题库。

具体考务工作由信息产业部电子教育中心（原中国计算机软件考试中心）负责。各地考试工作由当地人事行政部门和信息产业行政部门共同组织实施，具体职责分工由各地协商确定。

第三条 计算机专业技术资格（水平）考试原则上每年组织两次，在每年第二季度和第四季度举行。

第四条 根据《计算机技术与软件专业技术资格（水平）考试暂行规定》（以下简称《暂行规定》）第五

条规定，计算机专业技术资格（水平）考试划分为计算机软件、计算机网络、计算机应用技术、信息系统和信息服务5个专业类别，并在各专业类别中分设了高、中、初级专业资格考试，详见《计算机技术与软件专业技术资格（水平）考试专业类别、资格名称和级别层次对应表》（附后）。人事部、信息产业部将根据发展需要适时调整专业类别和资格名称。

考生可根据本人情况选择相应专业类别、级别的专业资格（水平）参加考试。

第五条 高级资格设：综合知识、案例分析和论文3个科目；中级、初级资格均设：基础知识和应用技术2个科目。

第六条 各级别考试均分2个半天进行。

高级资格综合知识科目考试时间为2.5小时，案例分析科目考试时间为1.5小时、论文科目考试时间为2小时。

初级和中级资格各科目考试时间均为2.5小时。

第七条 计算机专业技术资格（水平）考试根据各级别、各专业特点，采取纸笔、上机或网络等方式进行。

第八条 符合《暂行规定》第八条规定的人员，由本人提出申请，按规定携带身份证明到当地考试管理机构报名，领取准考证。凭准考证、身份证明在指定的时间、地点参加考试。

第九条 考点原则上设在地市级以上城市的大、中专院校或高考定点学校。

中央和国务院各部门所属单位的人员参加考试，实行属地化管理原则。

第十条 坚持考试与培训分开的原则，凡参与考试工作的人员，不得参加考试及与考试有关的培训。

应考人员参加培训坚持自愿的原则。

第十一条 计算机专业技术资格（水平）考试大纲由信息产业部编写和发行。任何单位和个人不得盗用信息产业部名义编写、出版各种考试用书和复习资料。

第十二条 为保证培训工作健康有序进行，由信息产业部统筹规划培训工作。承担计算机专业技术资格（水平）考试培训的机构，应具备师资、场地、设备等条件。

第十三条 计算机专业技术资格（水平）考试、登记、培训及有关项目的收费标准，须经当地价格行政部门核准，并向社会公布，接受群众监督。

第十四条 考务管理工作要严格执行考务工作的有关规章和制度，切实做好试卷的命制、印刷、发送和保管过程中的保密工作，遵守保密制度，严防泄密。

第十五条 加强对考试工作的组织管理，认真执行考试回避制度，严肃考试工作纪律和考场纪律。对弄虚作假等违反考试有关规定者，要依法处理，并追究当事人和有关领导的责任。

附表（已按国人厅发〔2007〕139号文件更新）

计算机技术与软件专业技术资格（水平）考试专业类别、资格名称和级别对应表

资格名称\专业类别\级别层次	计算机软件	计算机网络	计算机应用技术	信息系统	信息服务
高级资格	\multicolumn{5}{c}{・信息系统项目管理师 ・系统分析师 ・系统架构设计师 ・网络规划设计师 ・系统规划与管理师}				
中级资格	・软件评测师 ・软件设计师 ・软件过程能力评估师	・网络工程师	・多媒体应用设计师 ・嵌入式系统设计师 ・计算机辅助设计师 ・电子商务设计师	・系统集成项目管理工程师 ・信息系统监理师 ・信息安全工程师 ・数据库系统工程师 ・信息系统管理工程师	・计算机硬件工程师 ・信息技术支持工程师
初级资格	・程序员	・网络管理员	・多媒体应用制作技术员 ・电子商务技术员	・信息系统运行管理员	・网页制作员 ・信息处理技术员

主题词：专业技术人员 考试 规定 办法 通知

抄送：党中央各部门、全国人大常委会办公厅、全国政
　　　协办公厅、国务院办公厅、高法院、高检院、解
　　　放军各总部。

人事部办公厅	2003年10月27日印发

全国计算机软件考试办公室文件

软考办〔2005〕1号

关于中日信息技术考试标准互认
有关事宜的通知

各地计算机软件考试实施管理机构：

为进一步加强我国信息技术人才培养和选拔的标准化，促进国际间信息技术人才的流动，推动中日两国信息技术的交流与合作，信息产业部电子教育中心与日本信息处理技术人员考试中心，分别受信息产业部、人事部和日本经济产业省委托，就中国计算机技术与软件专业技术资格（水平）考试与日本信息处理技术人员考试（以下简称中日信息技术考试）的考试标准，于2005年3月3日再次签署了《关于中日信息技术考试标准互认的协议》，在2002年签署的互认协议的基础上增加了网络工程师和数据库系统工程师的互认。现就中日信息技术考试标准互认中的有关事宜内容通知如下：

一、中日信息技术考试标准互认的级别如下：

中国的考试级别 （考试大纲）	日本的考试级别 （技能标准）
系统分析师	系统分析师 项目经理 应用系统开发师
软件设计师	软件开发师
网络工程师	网络系统工程师
数据库系统工程师	数据库系统工程师
程序员	基本信息技术师

二、采取灵活多样的方式，加强对中日信息技术考试标准互认的宣传，不断扩大考试规模，培养和选拔更多的信息技术人才，以适应日益增长的社会需求。

三、根据国内外信息技术的迅速发展，继续加强考试标准的研究与更新，提高考试质量，进一步树立考试的品牌。

四、鼓励相关企业以及研究、教育机构，充分利用中日信息技术考试标准互认的新形势，拓宽信息技术领域国际交流合作的渠道，开展多种形式的国际交流与合作活动，发展对日软件出口。

五、以中日互认的考试标准为参考，引导信息技术领域的职业教育、继续教育改革，使其适应新形势下的职业岗位实际工作要求。

二〇〇五年三月八日

全国计算机软件考试办公室文件

软考办〔2006〕2号

关于中韩信息技术考试标准互认的通知

各地计算机软件考试实施管理机构：

为进一步加强我国信息技术人才培养和选拔的标准化，促进国际间信息技术人才的流动，推动中韩两国信息技术的交流与合作，信息产业部电子教育中心与韩国人力资源开发服务中心，分别受中国信息产业部、人事部和韩国信息与通信部委托，就中国计算机技术与软件专业技术资格（水平）考试与韩国信息处理技术人员考试（以下简称中韩信息技术考试）的考试标准，于2006年1月19日签署了《关于中韩信息技术考试标准互认的协议》。现就有关事项通知如下：

一、中韩信息技术考试标准互认的级别如下：

中国的考试级别（考试大纲）	韩国的考试级别（技能标准）
软件设计师	信息处理工程师
程序员	信息处理产业工程师

二、应采取灵活多样的方式,加强对中韩信息技术考试标准互认的宣传,不断扩大考试规模,培养和选拔更多的信息技术人才,以适应日益增长的社会需求。

三、应根据国内外信息技术的高速发展,继续加强考试标准的研究与更新,提高考试质量,进一步树立考试的品牌。

四、应鼓励相关企业以及研究、教育机构,充分利用中韩信息技术考试标准互认的新形势,拓宽信息技术领域国际交流与合作的渠道,开展多种形式的国际交流与合作活动。

五、以中韩互认的考试标准为参考,积极引导信息技术领域的职业教育与继续教育改革,使其适应新形势下的职业岗位实际工作要求。

计算机技术与软件专业技术资格(水平)考试办公室
二〇〇六年二月二十八日

信息系统监理师考试大纲

一、考 试 说 明

1．考试目标

通过本考试的合格人员能掌握信息系统监理的知识体系，具备完整的监理方法、手段和技能；能运用信息技术知识和监理技术方法编写监理大纲、监理规划和监理细则等文档；能有效组织和实施监理项目；具有工程师的实际工作能力和业务水平。

2．考试要求

（1）了解信息与信息化、信息系统工程基础知识；

（2）熟悉信息系统工程的监理对象，包括信息网络系统、信息资源系统、信息应用系统、信息安全和运行维护；

（3）掌握信息系统工程监理基础知识、监理工作的组织和规划；

（4）掌握信息系统工程监理统称"三控、两管、一协调"的监理内容和方法，包括质量控制、进度控制、投资控制、合同管理、信息管理、组织协调，以及在基础设施工程监理、软件工程监理、数据中心监理、信息安全监理、运行维护监理过程中的应用；

（5）掌握信息系统工程监理相关的项目管理、变更控制、风险管理知识；

（6）熟悉信息系统工程监理的有关政策、法律法规、标准和规范，以及服务合同、服务能力等监理支撑要素；
（7）熟悉信息系统监理师的职业道德要求；
（8）正确阅读并理解相关领域的英文资料。

3．考试科目设置

（1）信息系统监理基础知识，考试时间150分钟，选择题；

（2）信息系统监理应用技术（案例分析），考试时间150分钟，问答题。

二、考试范围

考试科目1：信息系统监理基础知识

（一）信息系统工程知识

1. 信息与信息化
  1.1 信息与信息化概述
  1.2 国家信息化
  1.3 信息基础设施
  1.4 信息化应用

2. 信息系统工程
  2.1 信息系统
  2.2 系统工程
  2.3 软件工程
  2.4 数据工程
  2.5 系统集成工程
  2.6 安全工程

3. **信息网络系统**
   3.1 信息网络系统体系框架和 OSI 七层模型
   3.2 TCP/IP 协议族
   3.3 网络传输平台
   3.4 网络和应用服务平台
   3.5 安全服务平台
   3.6 网络管理和维护平台
   3.7 环境系统建设
4. **信息资源系统**
   4.1 数据资源平台
   4.2 云资源系统
5. **信息应用系统**
   5.1 信息应用系统的分类
   5.2 典型信息应用系统
6. **信息安全**
   6.1 信息安全的定义及属性
   6.2 信息安全的发展历程
   6.3 信息安全的主要技术和措施
   6.4 网络安全等级保护
   6.5 信息安全风险评估概述
   6.6 关键信息基础设施保护
   6.7 数据安全的主要策略及方法
7. **运行维护**
   7.1 运行维护概述
   7.2 运行维护服务能力
   7.3 运行维护服务交付过程
   7.4 运行维护应急管理

（二）信息系统工程监理通识

8. 信息系统工程监理基础知识

8.1 信息系统工程监理的意义和作用

8.2 信息系统工程监理的相关概念

8.3 信息系统工程监理的发展

8.4 信息系统工程监理的依据

8.5 信息系统工程监理的风险

8.6 信息系统工程监理服务的成本

8.7 监理及相关服务的质量与评价

9. 监理工作的组织和规划

9.1 监理机构

9.2 监理大纲

9.3 监理规划

9.4 监理实施细则

9.5 监理大纲、监理规划、监理实施细则的异同

10. 质量控制

10.1 质量控制基础

10.2 对质量影响因素的控制

10.3 质量控制体系建设

10.4 质量控制手段

10.5 质量控制点

10.6 监理质量控制工作

11. 进度控制

11.1 进度与进度控制

11.2 进度控制的目标与范围

11.3 进度控制技术

11.4　监理进度控制工作
12. 投资控制
　　12.1　投资与投资控制
　　12.2　投资控制过程
　　12.3　投资构成和投资控制方法
　　12.4　监理投资控制工作
13. 合同管理
　　13.1　信息系统工程合同的内容及分类
　　13.2　信息系统工程合同管理的内容与基本原则
　　13.3　合同索赔的处理
　　13.4　合同争议的处理
　　13.5　合同违约的管理
　　13.6　知识产权保护
14. 信息管理
　　14.1　信息系统工程的信息与信息管理
　　14.2　信息资料管理方法
　　14.3　监理相关信息分类
　　14.4　监理信息管理工作
15. 组织协调
　　15.1　组织协调的概念与内容
　　15.2　组织协调的基本原则
　　15.3　监理组织协调工作
16. 项目管理
　　16.1　项目及项目管理的重要性
　　16.2　项目环境
　　16.3　PMBOK 项目管理知识体系
　　16.4　项目管理与监理工作的关系

17. 变更控制
   17.1　工程变更概述
   17.2　变更控制原则
   17.3　变更控制方法
   17.4　变更控制内容
   17.5　监理变更控制要点

18. 风险管理
   18.1　风险管理概述
   18.2　风险管理过程
   18.3　风险评估技术与方法

19. 监理支撑要素
   19.1　法律法规
   19.2　标准规范
   19.3　监理合同
   19.4　监理服务能力

（三）信息系统工程监理实务

20. 信息系统工程监理基础工作
   20.1　规划阶段监理基础工作
   20.2　招标阶段监理基础工作
   20.3　设计阶段监理基础工作
   20.4　实施阶段监理基础工作
   20.5　验收阶段监理基础工作

21. 基础设施工程监理
   21.1　招标阶段监理工作
   21.2　设计阶段监理工作
   21.3　实施阶段监理工作

21.4 验收阶段监理工作
21.5 各子系统工程监理内容

22. 软件工程监理

22.1 招标阶段监理工作
22.2 设计阶段监理工作
22.3 实施阶段监理工作
22.4 验收阶段监理工作
22.5 软件支持过程的监理工作
22.6 软件工程项目文档清单

23. 数据中心监理

23.1 招标阶段监理工作
23.2 设计阶段监理工作
23.3 实施阶段监理工作
23.4 验收阶段监理工作

24. 信息安全监理

24.1 规划设计阶段监理工作
24.2 招标阶段监理工作
24.3 设计阶段监理工作
24.4 实施阶段监理工作
24.5 测试评估阶段监理工作
24.6 验收阶段监理工作
24.7 信息安全合规性要求
24.8 信息安全关键技术要求

25. 运行维护监理

25.1 招标阶段监理工作
25.2 实施阶段监理工作
25.3 评估阶段监理工作

25.4 运行维护服务的监理要点

考试科目 2：信息系统监理应用技术

根据试题给定的案例分析场景，应用信息系统监理知识对案例场景进行分析，得到相应的结论或给出建议。案例分析基于信息系统监理师需要熟悉和掌握的知识范围展开，涉及内容为："考试科目 1：信息系统监理基础知识"中"3. 信息网络系统"至"25. 运行维护监理"。

三、题型举例

（一）选择题

（1）关于监理人员和监理单位的描述，不正确的是：＿＿＿＿。
  A．监理人员应根据监理合同独立执行工程监理业务
  B．监理人员应保守承建单位的技术秘密和商业秘密
  C．监理人员不得同时从事与被监理项目相关的技术和业务活动
  D．受建设单位委托，以建设单位意见为准，执行监理活动

（2）专业监理工程师小朱为某政务综合平台建设项目编写了监理实施细则。下列内容中，＿＿＿＿不是监理实施细则的必要内容。
  A．分析平台终端设备采用操作系统的优缺点
  B．以等级保护设计方案通过专家论证作为控制点
  C．设计方案评审需要重点审核防病毒软件的检测报告

D. 本项目监理意见的发布程序、监理会议召开的程序

（二）案例题

某机场规划建设数字孪生系统，由于该系统运营时数据传输量大、时延及信息安全要求高，需要提前进行网络系统升级改造。机场通过招标选定 A 公司作为网络改造项目的承建单位，选择 B 公司作为监理单位。

【事件1】根据建设合同，A 公司采购了网络设备和安全设备，在设备到货的前 1 天电话通知机场和 B 公司准备接收设备，并告知接收地点。设备到货当天，B 公司监理工程师小朱协助机场项目负责人老吴检查了设备的数量、规格和出厂证，检查无误后小朱点头同意 A 公司将设备放到指定的存放地点，老吴提交了设备到货验收监理报告。

【事件2】A 单位按照网络改造方案开始工程实施，过程中发生如下情形：

（1）交付工程师依据经验将设备安装到机柜中；

（2）机架和网络设备预留了 1.2 m 的过道，便于设备检修；

（3）某路由器缺少一颗固定螺丝，安装在机架后轻微晃动；

（4）由于施工人员流失，A 单位临时补充一名即将毕业的实习生。

【问题1】(7分)

针对事件1，请纠正各方在设备采购环节存在的不当之处。

【问题2】(4分)

针对事件2，请纠正相关人员在设备安装中存在的不当之处。

【问题3】(4分)

请写出信息网络系统工程实施阶段监理的主要工作。